BEI GRIN MACHT SICH IHR WISSEN BEZAHLT

- Wir veröffentlichen Ihre Hausarbeit,
  Bachelor- und Masterarbeit

- Ihr eigenes eBook und Buch -
  weltweit in allen wichtigen Shops

- Verdienen Sie an jedem Verkauf

Jetzt bei www.GRIN.com hochladen
und kostenlos publizieren

Bibliografische Information der Deutschen Nationalbibliothek:

Die Deutsche Bibliothek verzeichnet diese Publikation in der Deutschen National-bibliografie; detaillierte bibliografische Daten sind im Internet über http://dnb.d-nb.de/ abrufbar.

Dieses Werk sowie alle darin enthaltenen einzelnen Beiträge und Abbildungen sind urheberrechtlich geschützt. Jede Verwertung, die nicht ausdrücklich vom Urheberrechtsschutz zugelassen ist, bedarf der vorherigen Zustimmung des Verla-ges. Das gilt insbesondere für Vervielfältigungen, Bearbeitungen, Übersetzungen, Mikroverfilmungen, Auswertungen durch Datenbanken und für die Einspeicherung und Verarbeitung in elektronische Systeme. Alle Rechte, auch die des auszugsweisen Nachdrucks, der fotomechanischen Wiedergabe (einschließlich Mikrokopie) sowie der Auswertung durch Datenbanken oder ähnliche Einrichtungen, vorbehalten.

Impressum:

Copyright © 2014 GRIN Verlag, Open Publishing GmbH
Druck und Bindung: Books on Demand GmbH, Norderstedt Germany
ISBN: 9783668347823

Dieses Buch bei GRIN:

http://www.grin.com/de/e-book/344862/die-kuba-krise-wie-nah-stand-die-welt-vor-dem-3-weltkrieg

Anonym

Die Kuba-Krise. Wie nah stand die Welt vor dem 3. Weltkrieg?

GRIN Verlag

GRIN - Your knowledge has value

Der GRIN Verlag publiziert seit 1998 wissenschaftliche Arbeiten von Studenten, Hochschullehrern und anderen Akademikern als eBook und gedrucktes Buch. Die Verlagswebsite www.grin.com ist die ideale Plattform zur Veröffentlichung von Hausarbeiten, Abschlussarbeiten, wissenschaftlichen Aufsätzen, Dissertationen und Fachbüchern.

Besuchen Sie uns im Internet:

http://www.grin.com/

http://www.facebook.com/grincom

http://www.twitter.com/grin_com

Schuljahr 2014/15

Die Kuba-Krise

**Wie nah stand die Menschheit
vor dem 3. Weltkrieg?**

Fach:
Geschichte

Abgabetermin:
19.12.2014

Inhaltsverzeichnis

1. Einleitung

Es gibt nicht viele Ereignisse der Geschichte, die der Menschheit über viele Jahrzehnte besonders stark in Erinnerung geblieben sind. Dafür sind die Beispiele umso einprägsamer. Es sind Geschehnisse, die einen Wendepunkt darstellten oder einen neuen Abschnitt beziehungsweise den Beginn eines Krieges markierten. Ein Stück bedeutender Geschichte spielte sich im Oktober 1962 ab. Die Kuba-Krise, die für zwei Wochen die Welt in Atem hielt, ist in vielerlei Hinsicht ein Ereignis, das man auf eine Ebene mit dem Attentat von Sarajevo, Pearl Habour oder dem 11. September 2001 stellen kann. Zumindest wenn man von einem Unterschied absieht: Die Ereignisse, die noch bis heute in den Köpfen der Menschen sind, waren meist Auslöser für einen Krieg oder, wie im Falle von Pearl Habour, für einen entscheidenden Kriegsbeitritt. Die Kubakrise war kein Konflikt, der für einen späteren Krieg sorgte. Sie läutete sogar eine Ära der Entspannung innerhalb der Weltpolitik ein. Und doch stellt sie einen unvergleichlichen Grenzgang in der Weltgeschichte dar, weil sie die Erde an den Rand eines atomaren Schlachtfeldes führte. Im Bewusstsein der Menschen ist diese nahe Katastrophe, ob auf amerikanischer oder russischer Seite, nie ganz verschwunden und so bleibt die Kuba-Krise eine wichtige Erfahrung in der Weltpolitik. Dabei sorgten viele verschiedene Faktoren für eine Einigung.

Der Kalte Krieg, der schon Jahre vorher immer wieder zwischen USA und Russland aufflammte, erreichte einen seiner Höhepunkte im Oktober 1962 auf Kuba durch einige Bilder, die ein einfaches Aufklärungsflugzeug schoss. Es ist nicht auszudenken, wie die Erde heute aussehen würde, wenn ein Atomkrieg ausgebrochen wäre. Deswegen ist es umso wichtiger die Kubakrise zu verstehen und zu analysieren. Die Zusammenhänge und Informationen rund um die Kuba-Krise werde ich auf den folgenden Seiten umfassend beleuchten. Die Schilderung der Ereignisse soll letztlich zur Beantwortung der folgenden Frage führen:

Wie nah stand die Menschheit vor dem 3. Weltkrieg?

2. Vorgeschichte

2.1 Internationale Beziehungen

2.1.1 Kubas Entwicklung vor der Krise

Bevor die Welt 1962 einer spektakulären Krise entkam, war die Weltpolitik schon lange angespannt. Dabei sollte man sich nicht nur auf die politische Lage zwischen den Vereinigten Staaten und Russland beziehen, sondern auch auf die Beziehungen der USA zu Kuba. Diese lassen sich weit bis in die zweite Hälfte des 19. Jahrhunderts zurückführen. Denn schon 1889 hatten die Amerikaner im Spanisch-Amerikanischen Krieg den Einfluss der spanischen Krone auf Kuba vollständig gebrochen. Kuba war fortan von wichtiger wirtschaftlicher und militärischer Bedeutung für die USA. Zum Beispiel unterhielten die Amerikaner in der Bucht von Guantanamo eine Militärbasis. Mehrmals wurde sogar über eine Annexion seitens der Amerikaner nachgedacht.[1] Schließlich kam es 1902 aber zur Gründung der Republik Kuba. Die Verfassung enthielt allerdings eine Klausel, dass die USA immer noch eine Kontrolle über die Insel ausüben durften, weshalb es Kuba immer an Unabhängigkeit von den Amerikanern fehlte. In den 1920er Jahren bekam Kuba immer mehr den Ruf der „Zuckerdose der Welt", da die Wirtschaft der Insel durch einen erfolgreichen Zuckerexport boomte. Die Weltwirtschaftskrise einige Jahre später ging aber auch an Kuba nicht spurlos vorüber. Aus der resultierenden Unzufriedenheit der Bevölkerung entwickelte sich eine Krise innerhalb der Republik, die schließlich zum Sturz vom regierenden General Machado führte. Unter seinem Nachfolger Seargant Fulgenico Batista ging es der Bevölkerung allerdings nicht besser, da seine Poltik durch Vetternwirtschaft und brutale Gewalt gekennzeichnet war. Die Spaltung zwischen Arm und Reich wurde immer größer und immer mehr wurde der Ruf nach Widerstand und Befreiung in der Bevölkerung laut. In den 50er Jahren riefen Gewerkschaften und Studentenbewegungen mehrfach zum Guerilla-Kampf auf. Unter ihnen waren der junge Anwalt Fidel Castro, sein Bruder Raúl und der argentinische Arzt Ernesto Che Guevara. Nach vielen Demonstrationen und politischen Angriffen auf das Regime, zeichnete sich ein Ende des Kampfes ab. Die USA

---

1 http://www.geschichte-lernen.net/kuba-krise/ 08.11.14 11:45 Uhr, von Robin Brunold

stellten 1958 ihre Militärhilfe für Batista ein und im Januar 1959 floh dieser schließlich. Der 8. Januar sollte später als Tag der Revolution gelten *[siehe Abbildung 1]*. Fidel Castro trat wenig später in die neue Regierung Kubas, die „Kubanische Revolutionäre Regierung", ein. Mit Castro an der Spitze und Che Guevara als Industrieminister, sowie später als Präsident der kubanischen Nationalbank, wurde das erste Agrarreformgesetz beschlossen. Damit wurde festgelegt, dass 400 Hektar Land das Limit für den Grundbesitz ist, womit nicht alle Bewohner der Insel zufrieden waren.

Das Land spaltete sich immer mehr in die Oppositionellen, die oftmals verhaftet wurden, weil sie sich gegen das kommunistische System aussprachen und die revolutionären Kräfte, die die Macht weiterhin inne hatten. Che Guevara befehligte sogar Erschießungskommandos in einer Hafenfestung nahe der Hauptstadt Havanna. Unter Castro wurde Kuba zu einer Diktator, die gegen Widerstand genau so hart vorging, wie einst unter Batista.

Die USA waren nicht erfreut über die Entwicklungen auf der Insel.

Schließlich waren die Amerikaner immer die wichtigsten Handelspartner der Kubaner und mit der fort andauernden Verstaatlichung, die auch dort ansässige US-Handelsfirmen betraf, die keine Entschädigung erhielten, zerbrach das Verhältnis der beiden Staaten vollständig. Kuba musste sich deswegen einen neuen Handelspartner suchen. Die Sowjetunion schien die nächstliegendste Lösung zu sein, da beide Nationen ideologisch sehr nah beieinander lagen. Zudem nahm der sowjetische Staatschef Chruschtschow 80 Prozent des kubanischen Exports an sich und verkaufte im Gegenzug Erdöl und Waffen an die kubanische Regierung. Mit der Bindung an die UdSSR geriet Kuba allerdings in einen Konflikt, der schon seit Gründung der beiden deutschen Staaten andauerte.

2.1.2 Der Kalte Krieg vor der Krise

Zusammen hatten die USA und die Sowjetunion noch gegen das nationalsozialistische Deutschland gekämpft, bevor sie in Potsdam '45 zu einer Konferenz zusammentrafen, auf der sie maßgeblich über die Zukunft Deutschlands entschieden. Wenige Jahre später entwickelte sich zwischen ihnen dennoch ein Konflikt, der fast über ein halbes Jahrhundert die Weltpolitik bestimmen sollte. Zwei verschiedene Ideologien brachten die Welt an den Rand des Atomkriegs. Und diese weltpolitische Krise begann mit den Spannungen rund um die beiden Staatsgründungen in Deutschland. Die zunehmende Entfremdung beider Seiten, die spätestens mit der Blockade Berlins 1948/49 an Relevanz gewonnen hatte, besorgte jedoch Ost und West gleichermaßen.

Diese Krise zwischen den beiden Blöcken sollte auch einer der Gründe für das lange Ausbleiben einer Lösung der Deutschlandfrage sein. Dabei kann man keiner Seite allein vorwerfen, dass sie daran Schuld hatte, dass BRD und DDR lange Zeit nicht eins geworden sind. Wie Kuba sollten die beiden Staaten Länder sein, die oftmals als Austragungsort bestimmter Teile des Kalten Kriegs dienten.

Dass es allerdings tatsächlich eine Krise war, die sich auf der ganzen Welt ausbreitete, zeigten die Stellvertreterkriege, wie z.B. der Koreakrieg, der am 25. Juni 1950 ausbrach.

Und auch wenn sich die Situation der beiden Staaten nach Stalins Tod 1953 zu lockern schien, hörten die Maßnahmen, die stets zu einer Verhärtung des Konflikts führten, nicht auf: Ob nun die Atombombentests auf beiden Seiten, die Eingliederung der beiden deutschen Staaten in die jeweiligen Bündnissysteme oder der Start des ersten Satelliten „Sputnik 1957" seitens der UdSSR. Vor allem der zuletzt genannte Schritt stellte für die UdSSR eine große Errungenschaft dar, die Überlegenheit demonstrieren sollte. Aber auch Amerika drohte der Sowjetunion eindeutig: 1959 wurden Mittelstrecken-Atomraketen in der Türkei stationiert. 1961 kam es schließlich auch noch zum Bau der Mauer, der für John F. Kennedy als Niederlage galt, weil er damals nichts dagegen unternommen hatte.

All diese Drohgebärden dienten dazu, den Gegner abzuschrecken und ihm zu zeigen, dass man mächtiger ist. Nicht zuletzt ging es aber auch um den Kampf der gegensätzlichen Systeme, deren Überlegenheit demonstriert werden sollte. Im Kalten Krieg spielte man nicht mit offenen militärischen Angriffen auf das Gegenüber, sondern mit Propaganda und unterschwelligen Drohungen. Diese waren letztlich trotzdem nicht harmlos, denn sie führten beiden Seiten gnadenlos vor Augen, wie leicht es für den Feind wäre, einen militärischen Schritt einzuleiten und die „friedliche Koexistenz" endgültig zu brechen.

Letztlich waren diese Ereignisse keine, die direkt etwas mit der Kuba-Krise zu tun haben. Aber sie zeigen, dass sich die USA und die Sowjetunion schon davor äußerst feindlich gegenüber standen. Und diese Feindseligkeit sollte sich mit der Eskalation im Oktober 1962 noch steigern.

2.2 Ursachen der Kuba-Krise

2.2.1 Sturz Castros – Versuche der USA

Schon Anfang 1960 hatte die US-Regierung der CIA aufgetragen, Planungen für einen Sturz des Castro-Regimes einzuleiten.[2] Zu dieser Zeit war der spätere Präsident der Vereinigten Staaten John F. Kennedy noch nicht im Amt. Als er aber wenig später das Amt übernahm, verfolgte er die Planung der Operation Zapata selbst weiter. Bei dieser wurden Exilkubaner, die Kuba während der Revolution verlassen hatten und die dem herrschenden Regime in ihrer Heimat feindlich gegenüber standen, militärisch für eine Invasion der Insel ausgebildet. Am 14. April 1961 kam es schließlich zu dem Angriff in der sogenannten Schweinebucht an der Südküste Kubas *[siehe Abbildung 2]*. Neben dem Angriff erwartete Kennedy allerdings, dass innerhalb des Landes ein Volksaufstand ausbricht. Das Ausbleiben jenes Aufstands ist aber nicht der einzige Grund für das grandiose Scheitern der US-Truppen. Die ausgebildeten Exilkubaner waren zwar anfangs in der Überzahl, konnten aber unmöglich mit den Milizen klar kommen, die zu großen Zahlen an die Küste kamen. Für einen erfolgreichen Angriff hätten die Amerikaner auch genug Flugzeuge des Militärs gebraucht. Diese waren allerdings in Venezuela stationiert und berücksichtigten den Zeitunterschied nicht, wodurch sie erst ankamen, als die Invasion schon lange begonnen hatte. Als sich dann das Scheitern der Mission Zapata abzeichnete, wurde den kubanischen Verbündeten jegliche Unterstützung verweigert. Die aufgestellten Schiffe blieben alle abseits und griffen nicht in das Geschehen ein. Nach 72 Stunden verkündete Castro schließlich den Sieg über die US-amerikanischen Invasoren.[3] Insgesamt forderte die Operation 80 Tote und 1000 Exilkubaner wurden festgenommen und anschließend verurteilt. Was für Kuba eine großartige Errungenschaft darstellte, war ein reines politisches Debakel für Amerika. Kennedy war erst kurze Zeit im Amt und schon musste er eine solche Niederlage verkraften, obwohl sein Ruf schon nach dem Bau der Mauer in Berlin gelitten hatte. Die Niederlage wurde von ihm allerdings nicht so leicht akzeptiert. Ein 2. Versuch ließ nicht lange auf sich warten: Die Operation Mongoose, in die jährlich

---

2 http://www.geschichte-lernen.net/kuba-krise/ 14.11.14 11:00 Uhr, von Robin Brunold
3 http://www.planet-schule.de/wissenspool/internationale-krisen/inhalt/hintergrund/kuba/kuba-vor-der-
   krise.html 14.11.14 11:00 Uhr, von Dr. Raimund Krämer

mehrere Millionen Euro flossen, wurde von der CIA wesentlich ausgefeilter geplant. Deswegen wurde in Miami eine CIA-Basis gebaut, die über eine eigene Flotte verfügte und 3000 Exilkubaner auf ihrer Seite hatte.

2.2.2 Operation Anadyr

Mongoose konnte seine Anonymität nicht lange wahren. Zumindest in der Hinsicht, dass Castro wusste, dass Kennedy es nicht bei einem Angriffsversuch belassen würden. Heute ist bekannt, dass die CIA einen riesigen Aufwand um Operation Mongoose betrieb. Über 30 Pläne wurden entwickelt, die von Militäraktionen über Propaganda bis hin zur Ermordung Fidel Castros reichten. Bis heute hat die CIA zugegeben, dass sie an 8 Mordversuchen beteiligt war.[4] Doch während die CIA all dies noch plante, holte Castro zur Gegenoffensive aus, da er eine neue Invasion befürchtete und wandte sich mit der Bitte um militärische Unterstützung an Nikita Chruschtschow.[5] Die Sowjetunion hatte natürlich die Stationierung von Mittelstreckenraketen seitens der USA 1959 nicht vergessen und ließ sich die Chance, Rache zu üben, nicht nehmen. Schon Ende Mai tagte der Verteidigungsrat der UdSSR, da die Stationierung von Raketen auf Kuba als Option gesehen wurde. Als Castro der Plan vorgelegt wurde, stimmte dieser der größten russischen Geheimoperation des Kalten Krieges, die mit einer gigantischen Aufrüstung Kubas verbunden war, zu.[6] Stationiert wurden 24 Mittelstreckenraketen und 16 Interkontinentalraketen, die mit einem Atomsprengkopf versehen waren und eine Reichweite bis in den amerikanischen Mittelwesten gehabt hätten. Doch auch Panzer, Bodentruppen und Atombomber waren für eine Stationierung auf der Insel, die weniger als 200 Kilometer von Florida entfernt war, vorgesehen. Ende Juli war es dann schließlich soweit und 85 Schiffe wurden für die Operation Anadyr beladen. Die UdSSR setzte alles daran ihr Vorhaben geheim zu halten: Die Schiffe waren als Holzfrachter getarnt und bis zum Atlantik kannten die Schiffsmannschaften das Ziel noch nicht, da erst ab der Hälfte die Briefe, in denen weitere Anweisungen und das Ziel standen, unter der Aufsicht von KGB-Offizieren geöffnet werden durften. Jeder Eindruck, es gehe nach Kuba, sollte unter allen Umständen vermieden werden. Jedes

---

4   http://de.wikipedia.org/wiki/Operation_Mongoose 15.11.14 14:00 Uhr
5   http://www.geschichte-lernen.net/kuba-krise/ 15.11.14 14:00 Uhr, von Robin Brunold
6   ebd. Fußnote 5

Schiff wurde in verschiedenen Städten beladen. Für den Fall einer vorzeitigen Entdeckung der Operation lag jedem Schiff ein Plan vor, der notfalls auch die Versenkung des eigenen Schiffes vorsah. Die Besatzung nahm sogar Winterkleidung auf die Fahrt mit, damit der Eindruck vermieden wurde, es gehe nach Kuba. Der 8. Oktober war schließlich der Tag, an dem das erste Schiff Omsk in Kuba eintraf.

Operation Mongoose hatte zu diesem Zeitpunkt noch kein nennenswertes Ergebnis erzielt. 1962 verhängte Kennedy aber ein Handelsembargo gegen Kuba.

Da die USA allerdings Misstrauen und Widerstand seitens Kuba erwarteten, flogen regelmäßig Spionageflugzeuge über die Insel. Die Gerüchte, die schon wenige Wochen vor der Entdeckung die Runde gemacht hatten, wurden bestätigt. Der 14. Oktober sollte fortan der Tag sein an dem eindeutige Fotos bewiesen, dass auf Kuba Raketenstellungen aufgebaut wurden. Einige der Aufnahmen sind aufgrund der Übersichtlichkeit an dieser Stelle eingefügt.

3. Die 13 Tage

3.1 Der Beginn des Konflikts

John F. Kennedy erfuhr am 16. Oktober von den Bildern, die im Nordwesten Kubas geschossen worden waren. Einen Tag davor waren die Bilder schon an die CIA und an den Sicherheitsberater der US-Regierung geleitet worden, die die Bilder ausgewertet hatten. Was die Fotos zeigten, war ein Schock für die Regierung. Zwar erkannte man ganz klar, dass sich die Stellungen der Raketen im Aufbau befanden, aber die Frage, wie lange es dauern würde, bis die Raketen in San Cristobal abschussbereit wären, blieb offen. Kennedy berief noch am selben Morgen das ExComm (Executive Commitee) ein. Neben dem Präsident nahmen auch die Minister der USA, der Chef der CIA John McCone, der UN Botschafter Adlai Stevenson und McGeorge Bundy, der nationale Sicherheitsberater des Landes, sowie weitere Minister und Generäle teil. Der Krisenstab wusste, dass man die Existenz der Raketen so nicht akzeptieren kann. Sie wussten auch, dass eine falsche Reaktion einen Krieg auslösen könnte, dessen Folgen unabsehbar wären. Erst viele Jahre später wurden die Aufzeichnungen, die das wahre Ausmaß der Verzweiflung innerhalb der Sitzungen festgehalten hatten, veröffentlicht. Die Teilnehmer der Sitzung hielten verschiedene Optionen für die Lösung des Problems. Grob kann man sie alle in zwei Fraktionen einteilen: Die sogenannten „Tauben" wollten eine friedliche und diplomatische Lösung des Konflikts. Größter Fürsprecher war dabei der Außenminister Dean Rusk. Diese Fraktion vertrat die Ansicht, dass man eine Seeblockade Kubas oder direkte Gespräche mit Chruschtschow und Castro einleiten müsste. Den letzteren Vorschlag unterstützten allerdings nur wenige der „Tauben". Auf der anderen Seite standen die „Falken" für ein militärisches Eingreifen. Die Pläne in dieser Hinsicht reichten von einem begrenzten Luftangriff auf San Cristobal, über einen größeren Angriff auf weitere Militäreinrichtungen in Kuba, bis hin zu einer umfassenden Invasion, die schließlich auch den Sturz Castros vorsehen würde. Zu diesen Personen gehörte neben dem Verteidigungsminister Robert McNamara auch der Oberkommandierende der amerikanischen Luftstreitkräfte Curtis LeMay, der innerhalb der „Falken" wohl die radikalste Person war, da er als einzige Alternative eine kompromisslose Invasion

Kubas vorsah.[7]

An diesem Tag fanden zwei Sitzungen des Ex-Comms statt, die schließlich mehrere Optionen für Kennedy offen legten. Zudem war den Beteiligten klar, dass ein Militärschlag nur sinnvoll wäre, wenn die Raketen auf Kuba noch nicht einsatzfähig wären. Deswegen ließ Kennedy vorsorglich Luftangriffe und eine Invasion vorbereiten. Insgesamt legte er sich an diesem Tag aber noch nicht auf eine Entscheidung fest. Sein Bruder Robert F. Kennedy schrieb ihm einen Zettel auf dem stand: „Jetzt weiß ich, wie Tojo sich fühlte, als er Pearl Habour plante."[8] Tojo war der japanische Ministerpräsident, der für den Überraschungsangriff auf Pearl Habour 1941 verantwortlich war.

Die Lage spitzte sich allmählich immer weiter zu, dabei musste Kennedy trotzdem weiterhin anderen Pflichten nachgehen. Am 17. Oktober tagte das Executive Commitee ohne ihn, da er einen Wahlkampf-Auftritt in Connecticut hatte. Nur hohe Sicherheitsbeamte, hochrangige Politiker und Militärs wussten von den Geschehnissen auf Kuba, weil die Ereignisse noch nicht publik gemacht worden waren. Die Beratungen am 17. Oktober endeten ohne nennenswerte Ergebnisse, da sich vor allem über die Möglichkeit einer Seeblockade gestritten wurde. Von den „Falken" hörte man dabei oft, dass eine Seeblockade die Krise in einen Krieg münden lassen würde. Die Möglichkeit, die Situation durch Gespräche mit der sowjetischen Regierung zu klären, wurde kaum noch in Betracht gezogen, da Kennedy wusste, dass es zwar klug wäre, kein Risiko einzugehen, es seinen innenpolitischen Ruf allerdings noch mehr schädigen würde. Andererseits schrieb der UN-Botschafter Adlai Stevenson am Morgen dieses Tages einen Brief an Kennedy, in dem er vermutete, dass nach einem Angriff Vergeltung von sowjetischer Seite folgen würde. Zudem fügte er hinzu: „Das Urteil der Geschichte deckt sich nur selten mit den Launen des Augenblicks."[9] Diese klaren Worte im Gedächtnis zu behalten, wurde am 18. Oktober noch schwerer. Weitere Bilder der Stützpunkte auf Kuba, die einen Tag davor geschossen wurden, zeigten noch mehr

---

7 http://www.geschichte-lernen.net/kuba-krise/ 28.11.14 11:00 Uhr, von Robin Brunold
8 http://www.welt.de/kultur/history/article109857734/Die-Luftbilder-die-den-Atomkrieg-provozierten.html
   28.11.14 11:00 Uhr, von Sven Felix Kellerhof
9 http://www.welt.de/kultur/history/article109906320/Praesident-Kennedy-will-Weichei-Image-loswerden.html
   28.11.14 11:00 Uhr, von Sven Felix Kellerhof

Raketen als zuvor angenommen. Darüber hinaus konnte man sich nun vollkommen sicher sein, dass viele der Raketen die Reichweite hatten, um Washington problemlos auszulöschen. Außerdem kam an diesem Tag der Außenminister der UdSSR routinemäßig zu Besuch. Im Gespräch wollte Kennedy vor allem der Frage nachgehen, aus welchem Grund genau die Raketen auf Kuba stationiert seien. Am frühen Abend traf er sich mit Andrej Gromyko im Oval Office. Das Gespräch drehte sich zuerst um die Berlin Frage, bevor die beiden Politiker auf Kuba zu sprechen kamen. Kennedy versuchte Gromyko klar zu machen, dass man die Offensivwaffen auf Kuba nicht akzeptieren kann. Dieser wiederum wollte gegenüber Kennedy aber nicht zugeben, dass Offensivwaffen auf Kuba stationiert sind und beteuerte, dass nur Defensivwaffen stationiert wären.[10]

Am 19. Oktober konnte Kennedy wieder nicht an den Sitzungen des ExComm teilnehmen, da er die Wahlkampftermine nicht absagen wollte. Die Krise auf Kuba wurde im Weißen Haus diskutiert und geheim gehalten. Nur am frühen Morgen gab es noch eine Diskussion zwischen dem Präsidenten der USA und den Stabschefs der Armee, die versuchten die skeptische Haltung Kennedys zu brechen und ihn zu einem Luftangriff umzustimmen. Insgesamt konnte man den Präsidenten von seinem Standpunkt nicht abbringen. Er führte als Hauptargument auf, dass die Sowjets als Reaktion auf einen solchen Angriff möglicherweise Westberlin einnehmen würden. Die weiteren Verhandlungen an diesem Tag brachten nur noch härtere Diskussionen, die nicht dazu führten einen der Standpunkte durchzusetzen.

---

10 http://www.geschichte-lernen.net/kuba-krise/ 28.11.14 11:00 Uhr, von Robin Brunold

3.2 Der Weg zur Seeblockade

Am Morgen des 20. Oktobers 1962 brach John F. Kennedy seine Wahlkampftour in Chicago ab. Der Presse gab er vor eine Erkältung zu haben, auch wenn manche Journalisten trotzdem misstrauisch wurden und größere politische Probleme vermuteten, was nicht zuletzt daran lag, dass auch einige Minister wichtige Termine absagten. Am Nachmittag gab es schließlich eine Zusammenkunft, bei der endgültig über die Reaktion gegenüber Kuba entschieden wurde. Trotz massiver Proteste seitens der „Falken" bevorzugte der Präsident eine Seeblockade in einem Radius von 1250 Kilometern um Kuba herum, die nur die Schiffe durchlassen sollte, die sich kontrollieren lassen, keine Waffen transportieren oder Konsumgüter mit sich führten. Allerdings stritt Kennedy nicht ab, dass der Seeblockade möglicherweise Luftangriffe auf Kuba folgen könnten. Alle Beteiligten, die an diesem und dem nächstem Tag anwesend waren, wussten allerdings, dass ein Luftschlag unheimlich massiv stattfinden müsste, damit die Mehrheit der Raketen zerstört werden könnte. Die amerikanischen Generäle empfahlen deswegen wiederholt eine darauf folgende Invasion Kubas.

Der vormalige Präsident der USA Dwight D. Eisenhower sprach am 21. Oktober mit Kennedy und erzählte, dass er nicht daran glauben würde, dass Chruschtschow gegen Amerika vorgehen würde, wenn sie Kuba einnehmen, aber er empfahl die Armee in höchste Alarmbereitschaft zu setzen.[11]

Und der 21. Oktober sollte für Kennedy noch weitere Aufgaben bringen: An drei der größten Tageszeitungen von Amerika („New York Times", „Washington Post", „New York Herald Tribune") waren mehr oder weniger wichtige Informationen über die Krise gelangt. Kennedy sprach am Abend persönlich mit den Herausgebern, dass die Zeitungen am nächsten Morgen, einem Montag, nur über die angekündigte Fernsehansprache des Präsidenten am nächsten Abend berichten sollten.[12] Der 22. Oktober zeigte schließlich, dass sich alle drei Zeitungen an die Absprache halten würden. Der Tag sollte außerdem äußerst ereignisreich werden, was schon damit

---

11 http://www.welt.de/kultur/history/article110069427/US-Militaers-koennen-den-Erfolg-nicht-garantieren.html 29.11.14 11:00 Uhr, von Sven Felix Kellerhof
12 http://www.geschichte-lernen.net/kuba-krise/ 29.11.14 11:00 Uhr, von Robin Brunold

anfing, dass die NATO-Verbündeten über die Kuba-Krise informiert wurden. Diese sicherten den USA Unterstützung und Beistand zu. Das US-Militär wurde in die noch höhere Alarmstufe „Defcon-3" versetzt und 152 Schiffe, 52 Flugzeuge und 30.000 Mann machten sich noch am selben Tag auf dem Weg in Richtung Kuba.

Inzwischen war sich Nikita Chruschtschow sicher, dass Operation Anadyr als gescheitert galt. Auch das sowjetische Militär, abgesehen von den Atomstreitkräften, wurde in höchste Alarmbereitschaft versetzt.

Die US-Bürger erfuhren um 19 Uhr Ostküstenzeit von der Krise, durch die geplante Fernsehansprache des Präsidenten *[siehe Abbildung 3]* . Durch Kennedys Worte sollte der Bevölkerung die bedrohliche Lage nur allzu gut bewusst werden: „Im Laufe der letzten Woche haben eindeutige Beweise die Tatsache erhärtet, dass derzeit auf dieser unterdrückten Insel mehrere Anlagen für Angriffsraketen errichtet werden. Der Zweck dieser Anlagen kann nur darin bestehen die Möglichkeit eines Atomschlags gegen die westliche Hemisphäre zu schaffen [...]. Wir werden das Risiko eines weltweiten Atomkriegs nicht voreilig oder ohne Not eingehen – wir werden dieses Risiko aber auch nicht scheuen."[13]

Kennedy drohte der Sowjetunion somit auch unterschwellig, da er einen atomaren Angriff der USA nicht ausschloss. Weiterhin kündigte er die Seeblockade an, die kein sowjetisches Schiff passieren sollte, für den 24. Oktober und stellte klar, in dem er auch direkt an Chruschtschow sprach, dass er von der UdSSR einen Abzug der Atomraketen von Kuba erwarte.[14] Doch auch an die Kritiker im Kongress oder in der Bevölkerung richtete der Präsident sein Wort: Er stellte klar, dass die USA Stärke zeigen sollten und schloss eine „Appeasement"-Politik aus, die z.B. am Anfang des 2. Weltkrieg betrieben wurde.[15] Die Fernsehansprache verfolgten über 100 Millionen Amerikaner live im Fernsehen. Die Menschen in den USA waren allesamt geschockt und noch am selben Abend kam es zu vermehrten Hamsterkäufen und Kirchen setzten außerplanmäßige Gottesdienste an. In den darauffolgenden Tagen fanden außerdem

---

13 Funken, Walter ; Koltrowitz Bernd: Geschichte plus, 1. Auflage, Cornelsen Verlag/Volk und Wissen Verlag, Berlin, 2009, Seite 24 ff.
14 http://www.geschichte-lexikon.de/kubakrise.php 29.11.14 13:00 Uhr
15 http://www.welt.de/kultur/history/article110073201/Waehrend-der-Praesidentenrede-starten-B-52-Bomber.html 29.11.14 13:00 Uhr, von Sven Felix Kellerhof

Demonstrationen für eine friedliche Lösung des Konflikts im ganzen Land statt.

Die Reaktionen aus Moskau gegenüber der Rede waren ablehnend: Chruschtschow verurteilte die Blockade und warf Kennedy vor die „Freiheit der Weltmeere" zu verletzen und damit den Weltfrieden zu bedrohen.[16] Zudem ließ er verlauten, dass die Mittelstreckenraketen nur zur einfachen Verteidigung Kubas dienen würden.[17] Allerdings hatte man sich zuerst gedacht, dass die Amerikaner wesentlich drastischer vorgehen würden. Da Kennedys Worte aber mehr ein Ultimatum stellten und der Sowjetunion keinen sofortigen Krieg erklärten, forderte Chruschtschow die Kommandeure in Kuba auf, die Raketenstellungen schnellstmöglich fertig zu stellen und schrieb, dass sowjetische Schiffe trotzdem weiterhin die normalen Routen fahren würden.[18] Noch in der Nacht wurden alle Geheimdokumente in der sowjetischen Botschaft in Washington D.C. verbrannt.

Die kubanische Bevölkerung wurde mit völlig anderen Mitteln informiert: In den von der Regierung kontrollierten Zeitungen wurde von einer Kriegshandlung der USA berichtet und die Bürger wurden aufgefordert sich gegen Angriffe zu wehren. Aus Berichten des BND ergab sich, dass Kuba sich in einer Art „Kriegszustand" befand, da alle Fabriken und Geschäfte geschlossen waren und die Arbeiter zu den Waffen einberufen worden waren.[19]

Am 23. Oktober erfuhr die US-Regierung durch die CIA, dass erste Raketen auf Kuba einsatzbereit und über 20 Schiffe auf dem Weg zu der Insel seien. Kennedy forderte weitere Aufklärungsflüge über Kuba und ein riesiges Militäraufgebot wurde für den darauf folgenden Tag mobilisiert.

---

16 http://www.geschichte-lernen.net/kuba-krise/ 29.11.14 13:00 Uhr, von Robin Brunold
17 ebd. Fußnote 16
18 ebd. Fußnote 16
19 http://www.welt.de/kultur/history/article110092479/Sowjets-attackieren-Piratenakt-Amerikaner-beten.html
    29.11.14 14:00 Uhr, von Sven Felix Kellerhof

3.3 Die verhinderte Katastrophe

Am 24. Oktober begann, wie geplant, die Seeblockade, die von der amerikanischen Regierung „Quarantäne Kubas" genannt wurde *[siehe Abbildung 4]* . Die Alarmbereitschaft der Streitkräfte wurde auf „Defcon-2" hoch gesetzt. Dies war die absolut letzte Stufe vor „Defcon-1", die den Atomkrieg bedeutet hätte, der an diesem Tag näher als jemals zuvor schien. Denn auf die am Vormittag begonnene Seeblockade um Kuba steuerten 22 sowjetische Schiffe zu. Die Blockade, die zuvor 1250 Kilometer groß gewesen war, wurde deswegen kurzerhand auf 500 Kilometer reduziert. Amerikanischen Schiffe war es allerdings nur erlaubt mit Zustimmung des Präsidenten mit militärischen Mitteln auf eine Missachtung zu reagieren. Trotzdem hätte das Ignorieren der Blockade seitens der sowjetischen Schiffe nicht zu einer schnellen Lösung des Konflikts beigetragen. Doch schließlich drehten die 6 vordersten Schiffe ab und nach und nach änderten immer mehr Schiffe die Richtung. Und auch wenn das ExComm zu diesem Zeitpunkt erleichtert war, liefen die Planungen für eine Invasion Kubas weiterhin auf Hochtouren.

Am 25. Oktober erreicht der Brief Chruschtschows, in dem er die Forderungen der USA ablehnte, schließlich Kennedy, woraufhin dieser genauso offensiv antwortete und die UdSSR erneut beschuldigte den Weltfrieden zu gefährden.[20] Aus inzwischen zugänglichen sowjetischen Akten geht hervor, dass es Chruschtschow nur zu gut bewusst war, dass, wenn es zu einem Krieg kommen würde, jede Seite einen immensen Schaden davon tragen würde.[21] Dieser Umstand war einer der Gründe warum er sich auf einer Sitzung der KPDSU („Kommunistische Partei der Sowjetunion") dafür entschied den Amerikanern einen Deal anzubieten: Abzug der Raketen auf Kuba, wenn keine Invasion auf der karibischen Insel folgt.

Später, am darauf folgenden Nachmittag, passierten zwei Frachtschiffe die Seeblockade. John F. Kennedy selbst hatte befohlen, die Schiffe nicht zu blockieren, damit Chruschtschow nicht zu sehr provoziert wird.[22] Zur selben Zeit diskutierten in einer Sitzung des UN-Sicherheitsrat die beiden Botschafter Walerian Sorin (UdSSR) und

20 http://www.geschichte-lernen.net/kuba-krise/ 30.11.14 16:00 Uhr, von Robin Brunold
21 ebd. Fußnote 20
22 ebd. Fußnote 20

Adlai Stevenson (USA) rund um die Krise. Die Existenz der Offensivwaffen wurde dabei von Sorin geleugnet, bis Stevenson die eindeutigen Beweisbilder zeigte, die auch die Bevölkerung der USA sah, da die Sitzung live ausgestrahlt wurde.

Stevenson fragte Sorin danach direkt: „Leugnen Sie, Herr Botschafter, dass die UdSSR Mittelstreckenraketen auf Kuba installiert hat oder weiter installiert?"[23]

Sorin wich der Frage gezielt aus, aber Stevenson ließ nicht locker, bis Sorin schließlich sagte, dass er später antworten wird.[24] Adlai Stevenson konterte: „Ich bin bereit, auf meine Antwort zu warten, bis die Hölle einfriert."[25] Das Gelächter im Sicherheitsrat verdeutlichte nur zu gut, dass Stevenson die Sowjetunion bloßgestellt hatte.

Eine viel härtere Provokation erfolgte aber durch mehrere Atombombentests der USA am 25. Oktober über dem Johnston Atoll. Die Sowjetunion antworte mit zwei Tests in der Atmosphäre.

Alle Zeichen deuteten auf einen Krieg hin. Das dachte auch Fidel Castro, denn so hieß es in einem Brief von ihm an Chruschtschow vom 26. Oktober 1962: „Meiner Einschätzung nach steht der Angriff fast unmittelbar für die nächsten 24 oder 72 Stunden bevor."[26]

Chruschtschow verfasste an diesem Tag auch einen Brief an Kennedy, in dem er anbot, keine Schiffe mit Atomwaffen nach Kuba zu schicken, wenn er ihm zusichert, Kuba nicht anzugreifen.

Im ExComm brodelte es am 26. Oktober wieder: Man merkte an, dass die Blockade zwar funktionierte, die USA aber nicht vor den bereits bestehenden Raketen auf Kuba schützen würde. Dies war laut den „Falken" ein weiterer Grund zu einem Militärschlag, der immer mehr von Kennedy in Betracht gezogen worden war. Die Situation wurde allerdings falsch eingeschätzt, denn die Raketen auf Kuba standen längst zum Abschuss bereit und wären nicht mehr im Aufbau gewesen, wenn ein Militärschlag erfolgt wäre.

---

23 http://www.geschichte-lernen.net/kuba-krise/ 30.11.14 16:00 Uhr, von Robin Brunold
24 http://www.welt.de/kultur/history/article110185949/Ich-kann-warten-bis-die-Hoelle-einfriert.html 30.11.14 16:00 Uhr, von Sven Felix Kellerhof
25 ebd. Fußnote 24
26 Funken, Walter; Koltrowitz Bernd: Geschichte plus, 1. Auflage, Cornelsen Verlag/Volk und Wissen Verlag, Berlin, 2009, Seite 25 ff.

In einem Telefongespräch gegen Abend teilte Kennedy dem britischen Premierminister mit, dass in wenigen Tagen härtere Schritte eingeleitet werden müssen, wenn die UdSSR nicht einlenkt.[27]

Am späten Abend dieses Tages traf dann der Brief Chruschtschows ein. Einerseits konnte sich Kennedy nicht sicher sein, was Chruschtschow plante, andererseits musste er die Chance nutzen und stimmte dem Angebot zu.

Die Ereignisse überschlugen sich schließlich am 27. Oktober, dem „Schwarzen Samstag", der mit einem Atomwaffentest der Amerikaner in Cape Canaveral mit einer Interkontinental-Rakete begann. Das ExComm war von dieser Aktion nicht in Kenntnis gesetzt worden. Der Luftraum über Kuba wurde zu dem Ort an dem es den einzigen Toten in der Kuba-Krise gab. Ein Aufklärungsflugzeug war abgeschossen wurden, während ein Zweites noch im letzten Moment entkam. Kennedy erfuhr zwar von dem Unglück, verbot dem Militär allerdings einen Gegenangriff.

Der wahrscheinlich gefährlichste Zwischenfall dieses Tages geschah allerdings mitten im karibischen Meer. Ein US-Zerstörer zwang das sowjetische U-Boot B-59 mit dem Abwurf von Seeminen zum sofortigen Auftauchen, da dieses sich der Seeblockade genähert hatte. Auf dem U-Boot herrschte in diesem Moment Unbehagen und Angst, weil die Besatzung nicht wusste, ob möglicherweise schon der Atomkrieg ausgebrochen wäre. Einige der Besatzungsmitglieder drängten deswegen einen Torpedo abzufeuern. Der Offizier Wassili Archipow verneinte den Abschuss der Nuklearwaffen jedoch immer wieder, solange es keinen klaren Befehl aus Moskau gäbe.

Zudem erhielt Kennedy einen weiteren Brief von Chruschtschow, der darin forderte, dass die USA auch ihre Raketenstellungen aus der Türkei abziehen müssen.[28]

Über diesen Deal verhandelten schließlich Robert Kennedy und der Sowjetbotschafter Drobynin. Der Bruder des Präsidenten schloss dabei den Abzug der Raketen in der Türkei nicht aus, verlangte aber, dass ein solches Manöver geheim bleiben müsste.

---

27 http://www.geschichte-lernen.net/kuba-krise/ 30.11.14 16:00 Uhr, von Robin Brunold
28 http://www.welt.de/kultur/history/article110264897/Lasst-uns-die-Amerikaner-in-die-Luft-jagen.html 30.11.14 16:00 Uhr, von Sven Felix Kellerhof

Tatsächlich hätte eine solche Nachricht in der amerikanischen Bevölkerung den innenpolitischen Ruin für die Kennedy-Regierung bedeutet, weil der Kompromiss in vielerlei Augen die USA wie die eigentlichen Verlierer da stehen gelassen hätte. Deswegen hielt Kennedy diese Lösung auch gegenüber den Mitgliedern des ExComm geheim.

Die Kuba-Krise fand durch das Geheimtreffen schließlich die lang ersehnte Lösung, kurz nach den einschneidenden Ereignissen des „Schwarzen Samstags". Noch spät nachts entschied sich Chruschtschow das Angebot anzunehmen und verkündete den Abzug der Raketen am 29. Oktober schließlich in Radio Moskau. Die Öffentlichkeit erfuhr nur, dass die USA sich bereit erklärt hatten, Kuba nicht anzugreifen, da der Rest erst Jahre später publik gemacht wurde.

Castro fühlte sich von der Sowjetunion verraten und stellte über Radio Havanna mehrere Forderungen an die USA, wie z.B. die sofortige Räumung von der Militärbasis in Guantanamo. Kuba war zu diesem Zeitpunkt allerdings nicht mehr wichtig für die USA und Castros Worte wurden von Kennedy ignoriert.

Die Seeblockade blieb bestehen, bis alle Raketen wieder abtransportiert waren.

4. Nachwirkungen

Die Kuba-Krise stellte den entscheidenden Wendepunkt im Kalten Krieg dar. Unter dem Eindruck der Krise änderte sich viel zwischen den Weltmächten, da sie Ära der Entspannungspolitik im Kalten Krieg einläutete. Wie sehr die Angst vor einem Krieg auch in den Köpfen führender Politiker bestand, zeigt folgendes Zitat des US-Außenministers Robert McNamara vom Höhepunkt der Krise: „Ich fragte mich beim Anblick dieses herrlichen Sonnenuntergangs über dem Potomac, wie viele Sonnenuntergänge ich wohl noch sehen werde."[29] 1963 wurde zwischen Washington D.C. und Moskau eine Fernsprechverbindung, genannt „heißer Draht", eingerichtet, die für zukünftige dringende Krisenfälle zum Einsatz stand. Zudem wurden in den darauf folgenden Jahren Rüstungskontrollverträge geschlossen, die auch die Errichtung von Abwehrsystemen mit Atomraketen begrenzte (SALT - Verträge). Doch auch schon 1963 wurde das Atomteststopp-Abkommen unterzeichnet, das für beide Seiten Atomtests verbot. Das Wettrüsten hatte damit ein Ende, auch wenn sich die gegensätzlichen Systeme trotzdem noch im Kampf gegenüberstanden, was Beispiele wie der sowjetische Einmarsch in Afghanistan 1979/80, die die Beziehungen zwischen den Ländern wieder verschlechterten, nur zu gut zeigten.

In den nächsten Jahrzehnten sollte es zwischen den Supermächten keine direkten Konfrontationen mehr geben. Nur in Stellvertreterkriegen standen sich Ost und West noch gegenüber.

All dies geschah, weil sich beide Seiten nach 1962 zu gut bewusst waren, was die Folgen eines Atomkriegs wären und wie wichtig es ist, den Frieden zwischen den Blöcken herzustellen. Die Angst vor einem Atomkrieg bedeutete in den darauffolgenden Jahren Frieden.

Kennedy sagte am 10. Juni 1963: „Ein totaler Krieg ist sinnlos in einem Zeitalter, in dem Großmächte umfassende und verhältnismäßig unverwundbare Atomstreitkräfte unterhalten können und sich weigern zu kapitulieren, ohne vorher auf diese Streitkräfte zurückgegriffen zu haben [...]. Beide, die Vereinigten Staaten [...] sowie die

---

29 http://www.spiegel.de/einestages/kuba-krise-aufklaerungsbilder-schockieren-die-welt-a-947760.html 04.12.14
16:30 Uhr, von Christoph Gunkel

Sowjetunion [...] haben ein gemeinsames tiefes Interesse an einem gerechten und wirklichen Frieden und einer Einstellung des Wettrüstens. Abkommen, die zu diesem Ziel führen, sind im Interesse der Sowjets wie auch im unsrigen."[30]

1963 starb John F. Kennedy durch 2 tödliche Schüsse auf ihn in Dallas. 1964 endete die Amtszeit Chruschtschows in der Sowjetunion.

Die Verhältnisse zwischen den USA und Kuba sind bis heute schwierig, auch wenn Annäherungen, z.B. die Lockerung des Handelsembargos, in den letzten Jahren erkennbar waren.

Nach dem Zerfall der Sowjetunion zu Beginn der 90er endete der Kalte Krieg.

---

30 Funken, Walter u. Koltrowitz Bernd: Geschichte plus, 1. Auflage, Cornelsen Verlag/Volk und Wissen Verlag, Berlin, 2009, Seite 25 ff.

5. Fazit

Dass die Kuba-Krise wichtige Änderungen in der Weltpolitik zur Folge hatte, ist eine Tatsache. Doch wie nah stand die Welt im Oktober 1962 vor dem 3. Weltkrieg?

Wichtig war vor allem, dass die USA und die UdSSR Männer an ihrer Spitze hatten, die keineswegs das Ziel hatten, einen totalen Krieg ins Leben zu rufen. Chruschtschows Reaktion auf die Rede Kennedys am 22. Oktober 1962 zeigte das sehr gut: Er war erleichtert, dass Kennedy vorerst nur drohte. Keine der beiden Seiten wollten wirklich einen Krieg. Viel gefährlicher war da schon Kuba: Wenn Castro alleinige Kontrolle über die Raketen auf Kuba gehabt hätte, wäre ein Angriff nicht weit gewesen.

Man kann uneingeschränkt sagen, dass die Kuba-Krise der Punkt im Kalten Krieg war, der die Welt so nah an den nuklearen Abgrund brachte, wie kein anderer Konflikt zuvor, aber es ist an erster Stelle den Präsidenten der beiden Seiten zu verdanken, dass kein Krieg entstanden ist. Ein aggressiverer Präsident von Amerika hätte womöglich anders reagiert als Kennedy, wenn er gehört hätte, dass über Kuba ein Aufklärungsflugzeug abgeschossen wurde. Und auch wenn Kennedy so nicht als uneingeschränkter Gewinner aus dem Konflikt hervorging, kommt es ihm zugute, dass er am Ende kompromissbereit war und die US-Raketen aus der Türkei abzog. Es ist und bleibt deswegen Glück, dass keine Seite überheblich reagierte und sich zu sehr provozieren ließ. Kennedy befolgte schließlich auch nicht den Plan der „Falken", was ungeahnte Folgen gehabt hätte. Chruschtschow hörte auch nicht auf die Forderungen Castros, dass man die USA angreifen sollte, während Kennedy den amerikanischen Schiffen, die an der Seeblockade teilnehmen, keine alleinige Befehlsgewalt über die Waffen erteilte. Denn selbst wenn die UdSSR nach einem Angriff, ob nun auf Kuba oder auf sowjetische Schiffe, nicht eingegriffen hätte und auch nicht Westberlin eingenommen hätte, wäre der Kuba-Krise keine Ära der Entspannung gefolgt. Möglicherweise hätte die Menschheit in den nächsten Jahren wieder kurz vor einem Kriegsausbruch gestanden.

Allerdings ist es auch schwer zu mutmaßen, wann das Limit für eine der beiden Seiten erreicht worden wäre. Je länger die Krise gedauert hätte, desto wahrscheinlicher wäre ein Atomschlag gewesen. Hätte Chruschtschow nicht eher eingelenkt, wäre es nur eine Frage der Zeit gewesen, bis die USA angegriffen hätten, auch wenn Kennedy insgesamt vernünftig handelte. Wie nah die Welt am Abgrund stand, zeigt auch der Zwischenfall des U-Boots B-59: Wenn Wassili Archipow die Torpedos abgefeuert hätte, wäre der USA keine andere Möglichkeit geblieben, als zurück zu feuern. Aus einer nahezu winzigen Konfrontation in der karibischen See hätte sich dann ein nuklearer Krieg entwickelt, den keine der beiden Seiten überstanden hätte. Und die Angst vor einem solchen Krieg ebnete den Weg zur Entspannung zwischen den beiden Seiten. Diese Konfrontation war abschließend gesehen der größte Grenzgang innerhalb der Kuba-Krise, weil ein einzelner Mann über Krieg oder Frieden entschied.

Zum Abschluss kann ich sagen, dass die Kuba-Krise die Welt sehr nah an den Abgrund führte, da sie nach mehreren Jahren den absoluten Höhepunkt des Kalten Kriegs darstellte und das schlaue Krisenmanagement beider Seiten die Situation nicht eskalieren ließ.

6. Anhang

Abbildung 1

Abbildung 2

Abbildung 3

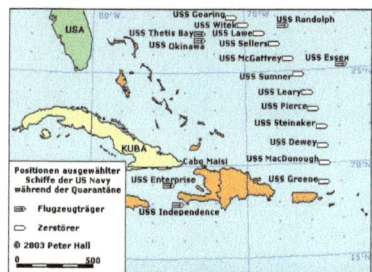

Abbildung 4

7. Literaturverzeichnis

1. Funken, Walter; Koltrowitz Bernd: Geschichte plus, 1. Auflage, Cornelsen Verlag/Volk und Wissen Verlag, Berlin, 2009, Seite 24/25 ff.
2. http://de.wikipedia.org/wiki/Operation_Anadyr 15.11.14 15:30 Uhr
3. http://de.wikipedia.org/wiki/Operation_Mongoose 15.11.14 14:00 Uhr
4. http://www.focus.de/wissen/mensch/geschichte/tid-27733/kubakrise-vor-50-jahren-als-die-welt-am-abgrund-stand-nervenschlacht-am-schwarzen-samstag_aid_840429.html 16.11.14 17:00 Uhr
5. http://www.geschichte-lernen.net/kuba-krise/ 08.11.14 11:45 Uhr, von Robin Brunold
6. http://www.geschichte-lexikon.de/kubakrise.php 29.11.14 13:00 Uhr
7. http://www.planet-schule.de/wissenspool/internationale-krisen/inhalt/hintergrund/kuba/kuba-vor-der-krise.html 08.11.14 11:45 Uhr, von Dr. Raimund Krämer
8. http://www.spiegel.de/einestages/kuba-krise-aufklaerungsbilder-schockieren-die-welt-a-947760.html 04.12.14 16:30 Uhr, von Christoph Gunkel
9. http://www.welt.de/kultur/history/article109857734/Die-Luftbilder-die-den-Atomkrieg-provozierten.html 28.11.14 11:00 Uhr, von Sven Felix Kellerhof
10. http://www.welt.de/kultur/history/article109906320/Praesident-Kennedy-will-Weichei-Image-loswerden.html 28.11.14 11:00 Uhr, von Sven Felix Kellerhof
11. http://www.welt.de/kultur/history/article110069427/US-Militaers-koennen-den-Erfolg-nicht-garantieren.html 29.11.14 11:00 Uhr, von Sven Felix Kellerhof
12. http://www.welt.de/kultur/history/article110073201/Waehrend-der-Praesidentenrede-starten-B-52-Bomber.html 29.11.14 13:00 Uhr, von Sven Felix Kellerhof
13. http://www.welt.de/kultur/history/article110092479/Sowjets-attackieren-Piratenakt-Amerikaner-beten.html 29.11.14 14:00 Uhr, von Sven Felix Kellerhof
14. http://www.welt.de/kultur/history/article110185949/Ich-kann-warten-bis-die-Hoelle-einfriert.html 30.11.14 16:00 Uhr, von Sven Felix Kellerhof
15. http://www.welt.de/kultur/history/article110264897/Lasst-uns-die-Amerikaner-in-die-Luft-jagen.html 30.11.14 16:00 Uhr, von Sven Felix Kellerhof
16. http://www.zeit.de/2012/41/Kubakrise/seite-2 18.11.14 16:00 Uhr

(jeweils die zuerst genutzten Datumsangaben)

Bilderquellen:

1. http://ais.badische-zeitung.de/piece/02/a3/32/e0/44249824.gif
2. http://images.china.cn/attachement/jpg/site1003/20121017/001ec94a25e211e8af2b0a.jpg
3. http://polpix.sueddeutsche.com/bild/1.1495732.1358483134/860x860/kubakrise.jpg
4. http://s1.srfcdn.ch/images/auftritte/news/bilder/node_1877982/17788934-2-ger-DE/bild_s8.jpg
5. http://upload.wikimedia.org/wikipedia/commons/7/7f/Kubkrise1962MRBMSite1.jpg
6. http://www.peterhall.de/maps/quarantine.gif
7. https://www.freitag.de/autoren/the-guardian/appell-an-die-vernunft/%40%40images/c3a98ecd-f8ce-4d33-b1ca-cfba49652c3f.jpeg